인지건강 증진을 위한

두뇌 훈련

탑클래스 두뇌발전소

탑클래스 두뇌발전소는 심신의학을 바탕으로 현대인들의 각종 두뇌 질환 및 건강한 두뇌 개발에 도움이 되고자 유튜브 채널 '탑클래스 두뇌발전소'를 운영하고 있다. 기억력, 집중력, 관찰력, 판단력, 언어능력 등 다양한 분야의 두뇌 훈련을 위한 두뇌게임을 비롯하여, 명상을 통한 두뇌 휴식법, 알면 도움 되는 유익한 건강 정보 등 약 1000개의 영상을 업로드하며 활동 중이다. 고령화 시대에 세계적으로 사회적 문제가 되고 있는 치매를 예방하기 위해, 두뇌 훈련 후 두뇌 휴식을 병행하는 프로그램을 고안하여, 따라 하면 누구나 스스로 치매를 예방할 수 있도록 하고 있다. 6만 명을 바라보는 구독자와 누적 조회 2100만 뷰를 넘기며, 더 많은 이들에게 바른 두뇌 건강법을 전달하기 위해 열정으로 노력하는 중이다. 즐거운 마음의 강력한 치유력을 믿는 탑클래스 두뇌발전소는 앞으로도 많은 이들이 즐거운 마음으로 치매 없는 삶을 영위할 수 있도록 최선을 다할 것이다.

탑클래스
두뇌발전소
유튜브

대한치매협회

2016년 8월 네이버 밴드 '치매이야기'로 출발하여 치매로부터 자유로운 세상, 치매가 있어도 불편하지 않은 세상, 행복하고 존엄한 노년이 보장되는 세상을 만들고자 2019년 1월 대한치매협회를 정식 발족하였다. 가르치고 배우면서 서로 성장한다는 교학상장(教學相長)을 모토로 치매아카데미, 역량강화학교, 치매예방학교, 치매전문학교, 웰에이징학교, 웰다잉학교, 장기요양학교, 시니어비즈니스학교, 특별양성학교, 디지털역량강화학교, 심리상담학교, 치매예방마술, 역사인문학교실, 독서클럽, 연구분과, 자격과정 등의 각종 프로그램을 운영하였다. 치매 환자와 가족이 안심하고 살아갈 수 있는 인적·물적 환경을 조성하여 지역사회돌봄(커뮤니티케어)을 구축하고자 치매와 고령사회에 대한 양질의 정보를 제공하고 있으며, 온/오프라인 교육 및 학술 활동을 통한 치매 전문인력 양성, 배움과 나눔을 통한 치매에 대한 올바른 이해와 치매 인식개선 활동, 회원 간/기관 간/지역 간의 네트워크 강화와 활성화, 치매예방·치매돌봄·치매치료에 대한 비의료적 개입의 연구개발 및 보급에 적극적으로 임하고 있다.

치매이야기(고령사회) 밴드 http://band.us/@dementia
대한치매협회 홈페이지 http://www.dementia.kr
채널 모음 https://linktr.ee/k_dementia

시니어 0

인지건강 증진을 위한

두뇌 훈련

탑클래스 두뇌발전소·대한치매협회 공저

① 겨울편

동양북스

요즘 주변을 돌아보면, 단순 건망증에도 '혹시 내가 치매는 아닐까?' 염려하는 사람들이 많습니다. 자연스러운 노화 현상인 기억력 감퇴나 신체 기능 저하일 수 있음에도 미리 걱정하고 두려워하는 이유는, 치매가 아직 발병 원인조차 명확히 밝혀지지 않은, 완치할 수 없는 병이기 때문입니다. 이는 치매 예방의 중요성이 강조되는 이유이기도 합니다.

치매를 예방하고 건강하게 두뇌를 발전시키기 위해서는 꾸준한 훈련을 통해 두뇌 세포를 활성화하고, 바른 휴식법으로 두뇌 능력을 강화하는 것이 중요합니다. 그리고 이러한 훈련에 앞서 무엇보다 중요한 것은, 하루하루 건강하게 변화하는 두뇌를 생각하며 즐거운 마음으로 훈련과 휴식에 임하는 것입니다. 이러한 즐거운 마음가짐은, 언제 나에게 올지 모를 치매에 대비하기 위해 노력한다는 마음가짐보다 훨씬 강력한 치유 효과를 발휘합니다.

이 책은 치매 예방의 핵심이 되는 두 가지, 두뇌 훈련(게임)과 두뇌 휴식(명상)을 중점으로 구성하여 두뇌 강화 효과가 극대화될 수 있도록 하였습니다.

첫 번째, 25가지 재밌는 두뇌 게임으로 이루어진 두뇌 훈련은, 반복과 집중을 통해 뇌에 건강한 자극을 줌으로써 신경세포의 기능을 향상하고, 세포 간 연결망인 시냅스를 활성화합니다. 기억력, 집중력, 관찰력, 판단력, 언어 능력, 계산 능력 등 인지 능력이 재밌는 게임을 하는 동안 체계적으로 발달할 수 있도록 구성하였습니다. 아름다운 색상의 예쁜 그림들로 이루어진 게임을 꾸준히 하다 보면 마음이 밝아지고, 힐링 되어 두뇌 건강 증진에 많은 도움이 됩니다.

두 번째, 쉬어가기 코너에 구성된 명언 명상으로 두뇌 휴식을 하면, 두뇌 훈련의 효과를 최대화할 수 있습니다. 처음 명상을 접하는 분도 천천히 순서대로 따라 하며 5분이라도 꾸준히 실천하면, 두뇌 휴식의 효과를 볼 수 있습니다. 출렁이는 물결이 잦아들면 고요해진 물속이 깨끗이 보이듯, 바른 휴식을 통해 잡념이 쉬어지면 두뇌의 모든 능력은 저절로 향상됩니다.

교재는 매월 1권, 총 12권으로 이루어져 있습니다. 봄, 여름, 가을, 겨울, 계절별로 두뇌 훈련 프로그램이 마무리될 수 있도록 구성하여, 성취감을 느끼며 두뇌 훈련을 지속할 수 있습니다. 총 25종류의 두뇌 게임과 추가적인 부가 활동이 수록되어 있어, 재밌게 게임을 하다 보면 자연스럽게 다방면의 인지 능력을 고루 향상하고, 한층 더 강화할 수 있습니다. 한 권의 책 안에서 난이도 조절을 통해 효율적으로 두뇌 능력을 개선할 수 있도록 유의하였습니다.

탑클래스 두뇌발전소는 두뇌 건강의 근본이 되는 심리적 치유와 함께 효과적으로 두뇌 능력을 향상하는 방법들을 모색하고, 연구해 오고 있습니다. 두뇌 게임을 통한 두뇌 훈련 후 휴식(명상)을 함으로써 두뇌 강화 효과를 극대화하는 프로그램을 고안하는 등 지속적인 연구를 거듭하며 치매 예방 및 모든 연령대의 두뇌 개발에 도움이 되길 바라는 마음을 담아 유튜브 채널 '탑클래스 두뇌발전소'를 운영하고 있습니다.

이 책을 작업하며, 치매로부터 자유로운 세상이 되길 바라는 희망을 나눌 수 있어 뜻깊고, 보람된 시간이었습니다. 좋은 기회를 제안해 주신 대한치매협회 조범훈 회장님과 협회 강사님들께 감사드리며, 이 교재의 출간이 많은 분들께 치매 없이 건강하고, 심신의 행복이 충만한 삶의 초석이 될 수 있기를 바랍니다.

탑클래스 두뇌발전소

이제 우리나라는 노인 1천만 명, 치매 환자 1백만 명 시대를 맞이하고 있습니다. 2000년 고령화 사회(aging society: 7%)에서 2017년 고령사회(aged society: 14%)를 거쳐, 이제 초고령사회(super aged society: 20%)에 진입했습니다.

고령화에 따라 많아지고 있는 치매는 뇌의 인지기능에 문제가 발생하는 대표적인 질환이라고 할 수 있습니다. 치매는 여러 가지 다양한 원인으로 뇌기능이 손상되어 후천적으로 인지력에 문제가 생기는 질환입니다. 노년에 가장 두려워하는 질환이 치매라고 합니다.

인간에게 가장 중요한 기능 중 하나는 '인지(認知, cognition) 능력'이라고 할 수 있습니다. 사람에 따라서 조금씩 다를 수는 있겠지만 나이가 들어감에 따라 인지기능은 노화과정과 더불어 점차 감퇴하는 경향이 있습니다.

인지력 저하가 되지 않도록 예방하는 것이 무엇보다 중요하며, 만약 치매에 걸렸다면 진행 속도를 최대한 늦추는 것이 필요합니다. 이를 위해서는 적극적이고 꾸준한 두뇌 활동을 해야 합니다. 용불용설(用不用說), 뇌는 자극하고 사용하면 사용할수록 더 건강해질 수 있기 때문입니다.

치매가 진단되어 어려움을 겪는 어르신들은 물론, 인지기능이 약해지신 분들, 건강한 어르신들의 평소 꾸준하고 적극적인 두뇌 활동을 통해 뇌의 예비용량을 키워두면 인지 건강을 유지, 향상할 수 있습니다.

본 교재는 舊노년뿐만 아니라 베이비부머 등 新노년의 눈높이에 맞는 세련되고 신세대적 감각의 디자인으로 춘하추동, 봄/여름/가을/겨울 4계절을 주제로 하는 내용과 그림으로 구성하였습니다.

치매로부터 자유로운 세상, 치매가 있어도 불편하지 않은 세상, 행복하고 존엄한 노년이 보장되는 세상이 되기를 희망합니다.

대한치매협회 회장 / 치매이야기 대표

조범훈 사회복지학 박사

차례

3주

4주

1주

교재와 함께 즐기는
〈탑클래스 두뇌발전소〉 유튜브 두뇌 건강 게임

지각력과 집중력을 높이는
다른 그림 찾기

시공간 능력과 관찰력을 향상시키는
숨은 그림 찾기

1 나를 소개해 봐요

 안녕하세요! 저도 두뇌 건강을 위해 즐거운 두뇌 훈련을 하고 있어요. 만나서 반가워요. 제 이름은 김행복이랍니다.

내 이름: _____

내가 태어난 연도: _____

2 순서대로 기억해 봐요

🔔 <u>아래 숫자를 순서대로 잘 기억해 주세요. 뒷장에 퀴즈가 있습니다.</u>

3794

 10초가 지났어요. 천천히 페이지를 넘겨 보세요.

🔍 **퀴즈** 앞서 관찰한 숫자를 순서대로 잘 배열한 것은 어느 것일까요?

① **3764**

② **3674**

③ **3794**

④ **3974**

3 숨은 낱말을 찾아봐요

낱말 찾기

언어력

🔔 예쁜 그림 속에 낱말 한 개가 숨어 있어요. 채소 이름 낱말 한 개를 찾아 써 보세요.

채소 이름: _____

④ 숨은 그림을 찾아봐요

🔔 겨울 목도리와 모자를 쓴 동물들이 많이 있어요. 아래 동물과 같은 것을 오른쪽 페이지에서 찾아 ○해 보세요.

🔔🔔 숫자 옆의 점들을 작은 수부터 순서대로 이어서 그림을 완성해 보세요.

5 수를 순서대로 짚어 봐요

숫자 빨리 짚기

순발력

 1~9의 수가 있습니다. 작은 수부터 순서대로 빠른 시간 내에 짚어 보세요.

다른 그림을 찾아봐요

 소스가 뿌려진 맛있는 핫도그가 많이 있어요. 다른 핫도그 한 개를 찾아보세요.

☕ 다른 핫도그의 어느 부분이 어떻게 다른지 말해 봐요.

7 초성을 보고 낱말을 맞혀 봐요

언어력

 두 가지 과일 이름의 초성이 있어요. 아래 초성을 보고 과일 이름을 맞게 써 보세요.

8 길을 찾아 미로를 탈출해 봐요

미로 찾기

공간지각력

월 일 요일

🔔 눈사람 친구들과 함께 길을 가다 미로를 만났어요.
출발에서 도착까지 길을 찾아 탈출해 보세요.

9 같은 그림을 찾아봐요

같은 그림 찾기

 기록하기 좋은 다양한 메모지들이 있어요. 같은 메모지 두 개를 찾아 ○해 보세요.

10 숨은 낱말을 찾아봐요

낱말 찾기

🔔 멋진 겨울 풍경 속에 두 글자 낱말 한 개가 숨어 있어요.
겨울과 관련된 두 글자 낱말 한 개를 찾아 써 보세요.

겨울과 관련된 낱말: _____

11 얼마인지 맞혀 봐요

화폐 퀴즈

계산력

🔔 **여러 종류의 지폐와 동전이 있어요. 아래 질문에 답을 써 보세요.**

1 ▶ 모두 합하면 얼마인가요? _____원

2 ▶ 5만 원권 지폐는 몇 장인가요? _____장

12 초성을 보고 낱말을 맞혀 봐요

초성 게임

언어력

🔔 두 가지 동물 이름의 초성이 있어요. 아래 초성을 보고
동물 이름을 맞게 써 보세요.

ㅋ ㄲ ㄹ

ㅋ   ㄲ   ㄹ

ㄷ ㄱ ㄹ

ㄷ   ㄱ   ㄹ

서로 다른 곳을 찾아봐요

🔔 신나는 음악에 맞춰 즐겁게 춤을 추고 있어요. 서로 다른 두 곳을 찾아 ○해 보세요.

양쪽 그림에서 안경을 쓴 사람은 모두 몇 명인가요?

숨은 그림을 찾아봐요

🔔 알록달록 다양한 열기구가 많이 있어요. 아래 열기구와 같은 것을 오른쪽 페이지에서 찾아 ○해 보세요.

🔔🔔 아래와 같은 모양의 열기구를 오른쪽 페이지에서 찾아 색이 없는 부분을 똑같이 칠해 봐요.

15 없는 수를 찾아봐요

없는 수 찾기

🔔 1~13의 수가 있어요. 없는 수 한 개를 찾아보세요.

01 02 03 04

05 06 07 08

09 10 11 13

☕ 정답에서 2를 빼면 얼마인가요?

명언 명상
동영상

두뇌 휴식을 위한
명언 명상

명언 명상은 자연의 소리와 함께
명언을 들으며 두뇌를 휴식하는 명상입니다.
방 안의 불을 켜면 어둠은 자연히 일시에 사라지듯,
명언을 3번 반복해서 듣는 동안 마음은 밝아지고, 편안해집니다.
명상을 하면 뇌파는 알파파, 세타파로 변하여
통찰력, 기억력 등 모든 두뇌의 능력이 향상됩니다.

🪷 명상하기

1

편안한 자세로 척추를 펴고 앉습니다.
허리와 어깨의 긴장을 풀어 봅니다.
앉는 자세가 힘드신 분은 눕거나
기대서도 좋습니다. 누워서 하시는 분은
잠들지 않도록 유의합니다.

2

고개를 앞, 뒤, 좌우로 천천히 돌려
목의 긴장을 풉니다. 눈을 살며시 감고,
눈썹과 눈썹 사이 미간의 긴장을
풀어 봅니다.

3

온몸을 편안하게 이완하는 심호흡을
해 봅니다. 코로 숨을 깊이 들이쉬고,
입으로 숨을 천천히 내쉽니다.
코로 숨을 들이쉴 때는 아랫배가 나오고,
입으로 숨을 내쉴 때는 아랫배가
들어갑니다. 3번 반복합니다.
심호흡 후엔 자연스럽게 호흡합니다.

4

자연의 소리와 함께 명언을 들으며
휴식해 봅니다. 명언을 들을 때
잡념으로 인해 집중되지 않더라도
상관하지 않습니다. 알아차리는 순간,
다시 명언을 듣는 데 집중할 뿐 따로
생각을 없애려 하지 않습니다.

5

명언을 기억하려 노력하지
않아도 됩니다. 3번 반복을
통해 지혜는 밝아지고, 자연히
두뇌가 휴식합니다.

6

처음엔 하루 1개의 명언 명상도 좋습니다.
내가 부담 없이 편안히 할 수 있는
시간부터 조금씩 늘려 갑니다.
한 번에 긴 시간을 불규칙적으로
하기보다 매일 짧은 시간이라도
규칙적으로 하는 것이 더 효과적입니다.

오늘의 명언

수많은 사람들이
성공하지 못하는 이유는
기회가 문을 두드릴 때
뒤뜰에 나가 네잎클로버를
찾기 때문이다.

– 월터 크라이슬러(Walter Chrysler)

2주

 교재와 함께 즐기는
〈탑클래스 두뇌발전소〉 유튜브 두뇌 건강 게임

관찰력과 주의력을 향상시키는
서로 다른 곳 찾기

판단력과 집중력을 높이는
같은 그림 찾기

월 일 요일

날짜와 요일을 말해 봐요

시간인지력

지남력 퀴즈

 내일은 오랜만에 친구들과 만나 같이 식사하기로 한 날이랍니다.

오늘은 며칠이고,
어제는 무슨 요일인가요?

오늘: _____ 일

어제: _____ 요일

2 조각을 찾아 퍼즐을 완성해 봐요

퍼즐 맞추기

공간지각력

🔔 바닷속에 예쁜 주황색 물고기가 있어요. 가려진 부분에 들어갈 조각은 몇 번인가요?

① ② ③ ④

🔔 즐거운 식사 시간! 예쁜 도시락들을 펼쳐 놓았어요. 아래와
같은 도시락을 오른쪽 페이지에서 찾아 ○해 보세요.

🔔🔔 아래 그림은 어떤 것의 일부인지 해당하는 도시락들을
오른쪽 페이지에서 찾아보세요.

🔔 예쁜 그림 속에 낱말 한 개가 숨어 있어요. 과일 이름 낱말
한 개를 찾아 써 보세요.

과일 이름: _____

5 수를 순서대로 짚어 봐요

숫자 빨리 짚기

순발력

 1~12의 수가 있습니다. 큰 수부터 순서대로 빠른 시간 내에 짚어 보세요.

6 다른 그림을 찾아봐요

다른 그림 찾기

집중력

🔔 붉은색 꽃이 예쁘게 활짝 피어 있어요. 다른 꽃 한 송이를 찾아 ○해 보세요.

☕ 가장 좋아하는 꽃의 이름을 말해 봐요.

월   일   요일

7 자세히 관찰하고 기억해 봐요

관찰 퀴즈

기억력

 아래 그림을 잘 관찰해 주세요. 뒷장에 퀴즈가 있습니다.

30초가 지났어요. 천천히 페이지를 넘겨 보세요.

🔍 퀴즈 앞서 관찰한 그림에서 이 사람이 신고 있었던 장화는
어느 것일까요?

① ② ③ ④

8 첫 글자를 보고 낱말을 맞혀 봐요

언어력

낱말 추리

 '행'으로 시작하는 낱말 3개를 적어 보세요.

 '복'으로 시작하는 낱말 3개를 적어 보세요.

9 같은 그림을 찾아봐요

같은 그림 찾기

 알록달록 예쁜 선물상자가 많이 있어요. 같은 선물상자 두 개를 찾아 ○해 보세요.

10 숨은 낱말을 찾아봐요

낱말 찾기

🔔 멋진 설산 속에 낱말 한 개가 숨어 있어요. 동물 이름 낱말 한 개를 찾아 써 보세요.

동물 이름: _____

🔔 요리사가 맛있는 음식을 요리하고 있어요. 서로 다른 두 곳을 찾아 ○해 보세요.

그림 속 요리사가 입고 있는 옷은 무슨 색인가요?

순서대로 계산해 봐요

 길을 따라 순서대로 계산하여 빈칸을 채워 보세요.

13 순서대로 기억해 봐요

순서 맞히기

 아래 그림과 순서를 잘 관찰하여 기억해 주세요. 뒷장에 퀴즈가 있습니다.

 30초가 지났어요. 천천히 페이지를 넘겨 보세요.

퀴즈 앞서 관찰한 그림을 순서대로 잘 배열한 것은 어느 것일까요?

14 초성을 보고 낱말을 맞혀 봐요

초성 게임

언어력

월 일 요일

🔔 두 가지 채소 이름의 초성이 있어요. 아래 초성을 보고
채소 이름을 맞게 써 보세요.

49

🔔 선반 위에 많은 장난감이 있어요. 아래 장난감과 같은 것을 오른쪽 페이지에서 찾아 ○해 보세요.

🔔🔔 아래와 같은 모양의 장난감을 오른쪽 페이지에서 찾아 색이 없는 부분을 똑같이 칠해 봐요.

불치병을 완치한 사람들의 공통점

불치병을 완치한 기적의 주인공들의 공통점은
'낫는다는 생각'입니다. 과학적으로도 증명된 이
믿음의 치유력을 플라세보 효과(placebo effect)라고
부릅니다.

플라세보 효과의 효능을 입증하는 과학적인 예시들이 아주
많이 있습니다. 사람들에게 약효가 없는 식염수를 진통제
라고 속이고 주사하면 엔도르핀과 엔케팔린이 분비되어 실
제로 진통 효과가 있다는 것이 뇌 영상 실험으로 증명되었
습니다.

또한 성장 호르몬을 맞는 환자들에게 몰래 약효가 없는 가
짜 약을 주사해도 성장 호르몬 수치는 변하지 않는다는 연
구 결과도 있습니다. 성장 호르몬을 맞고 있다고 생각하면
스스로 성장 호르몬을 생산한다는 말입니다.

캐나다 브리티시컬럼비아 대학교 연구팀은 파킨슨 질환자들을 대상으로 치료약이라고 설명한 후 식염수 주사를 처방했는데 환자들 가운데 절반이 운동신경 조절 능력이 훨씬 좋아진 것으로 나타났습니다.

파킨슨병은 뇌기능에 필요한 도파민이 충분히 생산되지 못해 근육 경직, 떨림 등이 나타나는 퇴행성 질환으로 완치법이 없는 병입니다.

실험에 참가한 환자들의 뇌를 분석한 결과, 식염수를 맞고도 실제 도파민이 생성된 것을 발견했습니다. 도파민의 양이 식염수를 처방받기 전보다 200%까지 늘어난 경우도 있었습니다.

결국 최고의 치료는 환자 스스로 낫는다는 믿음을 가지는 것으로, 난치병도 낫는다 생각하면 스스로 약을 만든다는 뜻이 됩니다.

3주

 교재와 함께 즐기는
〈탑클래스 두뇌발전소〉 유튜브 두뇌 건강 게임

기억력과 주의집중력을 높이는
기억력 게임

언어력과 기억력을 강화하는
초성 게임

1 지금 있는 곳을 말해 봐요

지남력 퀴즈

🔔 오늘 저는 은행 일을 보느라 차로 30분 떨어져 있는 시내로 외출을 했어요.

당신이 지금 있는 곳의 지역을 말해 봐요.

내가 지금 있는 곳: _____

(예: ○○시 / ○○군)

2 순서대로 기억해 봐요

순서 맞히기

🔔 아래 그림과 순서를 잘 관찰하여 기억해 주세요. 뒷장에 퀴즈가 있습니다.

 20초가 지났어요. 천천히 페이지를 넘겨 보세요.

퀴즈 앞서 관찰한 그림을 순서대로 잘 배열한 것은 어느 것일까요?

3 숨은 낱말을 찾아보요

낱말 찾기

🔔 멋진 겨울 풍경 속에 세 글자 낱말 한 개가 숨어 있어요.
겨울과 관련된 세 글자 낱말 한 개를 찾아 써 보세요.

겨울과 관련된 세 글자 낱말: _____

🔔 취미가 많은 친구의 방에 다양한 물건들이 있어요. 아래 그림과
같은 물건들을 오른쪽 페이지에서 찾아 ○해 보세요.

5 수를 순서대로 짚어 봐요

숫자 빨리 짚기

순발력

 21~32의 수가 있습니다. 작은 수부터 순서대로 빠른 시간 내에 짚어 보세요.

21 30 26

28 23 32

25 22 29

31 27 24

6 다른 그림을 찾아봐요

다른 그림 찾기

🔔 칙칙폭폭 기차 모형이 많이 있어요. 다른 기차 모형 두 개를 찾아보세요.

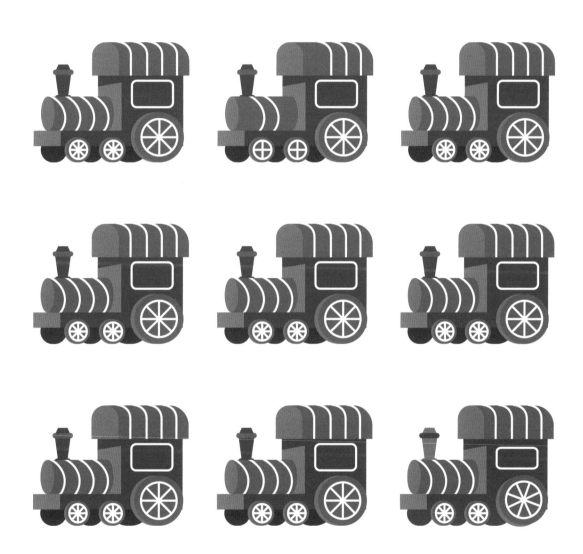

☕ 겨울에 기차로 가고 싶은 여행지가 있나요?
가고 싶은 이유도 함께 말해 봐요.

7 초성을 보고 낱말을 맞혀 봐요

초성 게임

언어력

🔔 두 가지 과일 이름의 초성이 있어요. 아래 초성을 보고
과일 이름을 맞게 써 보세요.

8 길을 찾아 미로를 탈출해 봐요

미로 찾기

 멋진 장식 속에 미로가 나타났어요. 출발에서 도착까지 길을 찾아 탈출해 보세요.

9 같은 그림을 찾아봐요

같은 그림 찾기

🔔 알록달록 귀엽고 따뜻한 스웨터가 많이 있어요. 같은 스웨터 두 개를 찾아 ○해 보세요.

10 숨은 낱말을 찾아봐요

언어력

🔔 벽난로로 따뜻해진 방 안에 낱말 한 개가 숨어 있어요.
동물 이름 낱말 한 개를 찾아 써 보세요.

동물 이름: _____

11 화폐로 물건을 구매해 봐요

화폐 퀴즈

계산력

🔔 겨울에 필요한 탑클래스 전기난로를 구매하러 왔어요. 가격에 맞는 지폐 수를 적어 보세요.

| 탑클래스 전기난로 | 179,000원 |

50000	3 장
10000	2 장
5000	1 장
1000	장
500	2 개

12 초성을 보고 낱말을 맞혀 봐요

초성 게임

🔔 <u>두 가지 새 이름의 초성이 있어요. 아래 초성을 보고 새 이름을</u>
<u>맞게 써 보세요.</u>

🔔 예쁜 꽃과 나무 화분이 진열되어 있어요. 서로 다른 두 곳을 찾아 ○해 보세요.

양쪽 그림에서 노란색 꽃이 심겨 있는 화분은 모두
몇 개인가요?

🔔 마을에 다양한 모양의 집들이 있어요. 아래 집과 같은 것을
오른쪽 페이지에서 찾아 ○해 보세요.

🔔🔔 아래와 같은 모양의 집을 오른쪽 페이지에서 찾아 색이
없는 부분을 똑같이 칠해 봐요.

관찰력

15 없는 수를 찾아봐요

없는 수 찾기

수리력

 11~28의 수가 있어요. 없는 수 두 개를 찾아보세요.

11 12 13 14

16 17 18 19

20 21 22 23

24 26 27 28

 홀수는 모두 몇 개인가요?

두뇌 휴식을 위한
명언 명상

명언 명상은 자연의 소리와 함께
명언을 들으며 두뇌를 휴식하는 명상입니다.
방 안의 불을 켜면 어둠은 자연히 일시에 사라지듯,
명언을 3번 반복해서 듣는 동안 마음은 밝아지고, 편안해집니다.
명상을 하면 뇌파는 알파파, 세타파로 변하여
통찰력, 기억력 등 모든 두뇌의 능력이 향상됩니다.

🪷 명상하기

1

편안한 자세로 척추를 펴고 앉습니다.
허리와 어깨의 긴장을 풀어 봅니다.
앉는 자세가 힘드신 분은 눕거나
기대서도 좋습니다. 누워서 하시는 분은
잠들지 않도록 유의합니다.

2

고개를 앞, 뒤, 좌우로 천천히 돌려
목의 긴장을 풉니다. 눈을 살며시 감고,
눈썹과 눈썹 사이 미간의 긴장을
풀어 봅니다.

3

온몸을 편안하게 이완하는 심호흡을
해 봅니다. 코로 숨을 깊이 들이쉬고,
입으로 숨을 천천히 내쉽니다.
코로 숨을 들이쉴 때는 아랫배가 나오고,
입으로 숨을 내쉴 때는 아랫배가
들어갑니다. 3번 반복합니다.
심호흡 후엔 자연스럽게 호흡합니다.

4

자연의 소리와 함께 명언을 들으며
휴식해 봅니다. 명언을 들을 때
잡념으로 인해 집중되지 않더라도
상관하지 않습니다. 알아차리는 순간,
다시 명언을 듣는 데 집중할 뿐 따로
생각을 없애려 하지 않습니다.

5

명언을 기억하려 노력하지
않아도 됩니다. 3번 반복을
통해 지혜는 밝아지고, 자연히
두뇌가 휴식합니다.

6

처음엔 하루 1개의 명언 명상도 좋습니다.
내가 부담 없이 편안히 할 수 있는
시간부터 조금씩 늘려 갑니다.
한 번에 긴 시간을 불규칙적으로
하기보다 매일 짧은 시간이라도
규칙적으로 하는 것이 더 효과적입니다.

오늘의 명언

허망한 이름과 덧없는 재물은

가령 얻었다 해도

반드시 복이 아니고

가령 잃는다 해도

반드시 화가 아니다.

– <도가귀감>

4 주

 교재와 함께 즐기는
〈탑클래스 두뇌발전소〉 유튜브 두뇌 건강 게임

두뇌 건강을 증진하고 인지 능력을
고루 발달시키는
다양한 두뇌게임 모음

짧은 시간 안에 두뇌의 복합적 능력을
향상시키는
다양한 두뇌게임 심화버전 모음

1 가족을 소개해 봐요

지남력 퀴즈

사람인지력

월   일   요일

🔔 안녕하세요! 저에게는 딸 건강이, 아들 행운이 2명의 자녀가 있답니다.

가족 이름: _____

가족 관계: _____

2 조각을 찾아 퍼즐을 완성해 봐요

퍼즐 맞추기

공간지각력

🔔 눈사람 가족이 오순도순 외출을 나왔어요. 가려진 부분에 들어갈 조각은 몇 번인가요?

🔔 여행에 가져갈 짐을 모두 나열해 보았어요. 아래 그림과 같은 물건을 오른쪽 페이지에서 찾아 ○해 보세요.

🔔🔔 숫자 옆의 점들을 작은 수부터 순서대로 이어서 그림을 완성해 보세요.

4 숨은 낱말을 찾아봐요

낱말 찾기

🔔 근사한 초대 상 위에 낱말 한 개가 숨어 있어요. 탈것 이름 낱말 한 개를 찾아 써 보세요.

탈것 이름: _____

5 수를 순서대로 짚어 봐요

숫자 빨리 짚기

순발력

🔔 1~16의 수가 있습니다. 작은 수부터 순서대로 빠른 시간 내에 짚어 보세요.

6 다른 그림을 찾아봐요

다른 그림 찾기

🔔 예쁜 무늬가 새겨진 장식이 많이 있어요. 다른 장식 두 개를
찾아 ○해 보세요.

☕ 정답으로 찾은 다른 장식의 어느 부분이 어떻게 다른지 각각 말해 봐요.

84

7 자세히 관찰하고 기억해 봐요

기억력

 아래 그림을 잘 관찰해 주세요. 뒷장에 퀴즈가 있습니다.

이번주 계획표

월요일	화요일	수요일
운동하기	건강검진	친구생일

목요일	금요일	주 말
한의원	온천가기	등산가기

 60초가 지났어요. 천천히 페이지를 넘겨 보세요.

🔍 앞서 관찰한 계획표에서 '온천가기'는 무슨 요일에 예정되어 있었나요?

① 월요일

② 화요일

③ 목요일

④ 금요일

8 첫 글자를 보고 낱말을 맞혀 봐요

언어력

낱말 추리

 '가'로 시작하는 낱말 3개를 적어 보세요.

 '위'로 시작하는 낱말 3개를 적어 보세요.

9 같은 그림을 찾아봐요

같은 그림 찾기

 빛나는 보석으로 장식된 액세서리가 많이 있어요. 같은 그림 두 개씩 두 쌍을 짝지어 보세요.

10 숨은 낱말을 찾아보요

 멋진 겨울 풍경 속에 낱말 한 개가 숨어 있어요. 꽃 이름 낱말 한 개를 찾아 써 보세요.

꽃 이름: _____

서로 다른 곳을 찾아봐요

🔔 <u>눈 오는 날, 가족들과 함께 즐거운 여행을 왔어요. 서로 다른 세 곳을 찾아 ○해 보세요.</u>

그림 속에서 가장 왼쪽에 있는 사람의 신발은 무슨 색인가요?

12 순서대로 계산해 봐요

계산 기차놀이

계산력

🔔 길을 따라 순서대로 계산하여 빈칸을 채워 보세요.

13 순서대로 기억해 봐요

순서 맞히기

🔔 <u>아래 그림과 순서를 잘 관찰하여 기억해 주세요. 뒷장에</u> <u>퀴즈가 있습니다.</u>

40초가 지났어요. 천천히 페이지를 넘겨 보세요.

앞서 관찰한 그림을 순서대로 잘 배열한 것은 어느 것일까요?

14 초성을 보고 낱말을 맞혀 봐요

초성 게임

🔔 두 가지 채소 이름의 초성이 있어요. 아래 초성을 보고
채소 이름을 맞게 써 보세요.

ㄷㄹㅈ

ㄷ ㄹ ㅈ

ㅍㅇㅂㅅ

ㅍ ㅇ ㅂ ㅅ

꽃무늬 주방 기구들이 진열되어 있어요. 아래 물건과 같은 것을 오른쪽 페이지에서 찾아 ○해 보세요.

 아래 그림은 어떤 것의 일부인지 해당하는 물건들을 오른쪽 페이지에서 찾아보세요.

두뇌 휴식을 위한
명언 명상

명언 명상은 자연의 소리와 함께
명언을 들으며 두뇌를 휴식하는 명상입니다.
방 안의 불을 켜면 어둠은 자연히 일시에 사라지듯,
명언을 3번 반복해서 듣는 동안 마음은 밝아지고, 편안해집니다.
명상을 하면 뇌파는 알파파, 세타파로 변하여
통찰력, 기억력 등 모든 두뇌의 능력이 향상됩니다.

🪷 명상하기

1

편안한 자세로 척추를 펴고 앉습니다.
허리와 어깨의 긴장을 풀어 봅니다.
앉는 자세가 힘드신 분은 눕거나
기대셔도 좋습니다. 누워서 하시는 분은
잠들지 않도록 유의합니다.

2

고개를 앞, 뒤, 좌우로 천천히 돌려
목의 긴장을 풉니다. 눈을 살며시 감고,
눈썹과 눈썹 사이 미간의 긴장을
풀어 봅니다.

3

온몸을 편안하게 이완하는 심호흡을
해 봅니다. 코로 숨을 깊이 들이쉬고,
입으로 숨을 천천히 내쉽니다.
코로 숨을 들이쉴 때는 아랫배가 나오고,
입으로 숨을 내쉴 때는 아랫배가
들어갑니다. 3번 반복합니다.
심호흡 후엔 자연스럽게 호흡합니다.

4

자연의 소리와 함께 명언을 들으며
휴식해 봅니다. 명언을 들을 때
잡념으로 인해 집중되지 않더라도
상관하지 않습니다. 알아차리는 순간,
다시 명언을 듣는 데 집중할 뿐 따로
생각을 없애려 하지 않습니다.

5

명언을 기억하려 노력하지
않아도 됩니다. 3번 반복을
통해 지혜는 밝아지고, 자연히
두뇌가 휴식합니다.

6

처음엔 하루 1개의 명언 명상도 좋습니다.
내가 부담 없이 편안히 할 수 있는
시간부터 조금씩 늘려 갑니다.
한 번에 긴 시간을 불규칙적으로
하기보다 매일 짧은 시간이라도
규칙적으로 하는 것이 더 효과적입니다.

오늘의 명언

사람은 태어나면서부터

말하는 것을 배우지만

침묵하는 것은 여간해서 배우지 못한다.

남의 입에서 나오는 말보다

자기 입에서 나오는 말을

더욱 귀 기울여 들어라.

- <잠언>

정답 1주

2
① 3764
② 3674
③ **3794**
④ 3974

3 🔔 배추

배	당	이
우	토	금
시	추	래

4

🔹 겨울 목도리와 모자를 쓴 동물들이 많이 있어요. 아래 동물과 같은 것을 오른쪽 페이지에서 찾아 ○해 보세요.

🔹 숫자 옆의 점들을 작은 수부터 순서대로 이어서 그림을 완성해 보세요.

6

7 🔔 수박
바나나

ㅅ ㅂ
수 박
ㅂ ㄴ ㄴ
바 나 나

8

9

10 🔔 동지

차	모	지
동	치	카
삭	포	해

11
❶ 144,500원
❷ 2장

12 🔔 코끼리
돌고래

ㅋ ㄲ ㄹ
코 끼 리
ㄷ ㄱ ㄹ
돌 고 래

15 🔔 12

01 02 03 04
05 06 07 08
09 10 11 13

☕ 10

13 🔔🔔 3명

14

🔹 알록달록 다양한 열기구가 많이 있어요. 아래 열기구와 같은 것을 오른쪽 페이지에서 찾아 ○해 보세요.

🔹 아래와 같은 모양의 열기구를 오른쪽 페이지에서 찾아 색이 없는 부분을 똑같이 칠해 봐요.

100

정답 2주

2

3

4
🔔 복숭아

6

7

8
🔔 행동, 행사,
행운 등

🔔🔔 복습, 복도,
복사기 등

9

10
🔔 기린

11
🔔🔔 흰색

12
🔔 25, 30, 27

13

14
🔔 피망
애호박

15

2

3 🔔 눈사람

4

6

7 🔔 석류
청포도

8

9

10 🔔 캥거루

11 🔔 3장

12 🔔 까마귀
비둘기

15 🔔 15, 25

13 🔔🔔 6개

14

2

3

4 🔔 자전거

6

7

④ 금요일

8

🔔 가족, 가장, 가게 등

🔔🔔 위로, 위치, 위험 등

9

10 🔔 무궁화

11 🔔🔔 노란색

12 🔔 40, 25, 48

13

14 🔔 도라지 팽이버섯

ㄷㄹㅈ
도 라 지

ㅍㅇㅂㅅ
팽 이 버 섯

15

참고
자료

<가장 쉬운 탑클래스 치매예방 첫걸음 1, 2> 탑클래스 두뇌발전소 지음, 동양북스, 2022
<뇌내혁명> 하루야마 시게오 지음, 오시연 번역, 중앙생활사, 2020
<당신이 플라시보다> 조 디스펜자 지음, 추미란 번역, 샨티, 2016
<스트레스의 힘> 켈리 맥고니걸 지음, 신예경 번역, 21세기북스, 2015
<왓칭1> 김상운 지음, 정신세계사, 2011
<늙는다는 착각> 엘렌 랭어 지음, 변용란 번역, 유노북스, 2022
<미라클> 이송미 지음, 비타북스, 2020
<마음의 기적> 디팩 초프라 지음, 도솔 번역, 황금부엉이, 2018
<치매예방을 위한 두뇌성형> 권준우 지음, 푸른향기, 2020
<치매 쇼크 치매 혁명> KBS 생로병사의 비밀 제작팀 지음, 에이엠스토리, 2021
<유대인 생각 사전> 김영환 지음, 행복, 2018
<인디언의 지혜와 잠언> 다봄편집부 지음, 다봄, 2020
<명언의 탄생> 김옥림 지음, 팬덤북스, 2014
<고전명언 마음수업> 임성훈 지음, 스노우폭스북스, 2021
<명언으로 읽는 100명의 인생철학> 김옥림 지음, 창작시대사, 2022
<아들에게 전해주는 인생 명언 365+1> 윤태진 지음, 다연, 2022
<바로보인 도가귀감> 휴정 서산대사 지음, 대원 문재현 선사 역저, 문젠, 2017
<바로보인 유가귀감> 휴정 서산대사 지음, 대원 문재현 선사 역저, 문젠, 2017

https://www.onday.or.kr/wp/?cat=3 (따뜻한 하루 감성편지)
https://blog.naver.com/utimegps/70008004901

인지건강을 위한 두뇌 훈련 _ 겨울편 1

초판 인쇄 | 2024년 11월 29일
초판 발행 | 2024년 12월 10일
지은이 | 탑클래스 두뇌발전소 · 대한치매협회
발행인 | 김태웅
기획 | 김귀찬
편집 | 유난영
디자인 | 디자인플러그
마케팅 총괄 | 김철영
온라인 마케팅 | 김은진
제작 | 현대순
발행처 | (주)동양북스
등 록 | 제 2014-000055호
주 소 | 서울시 마포구 동교로22길 14 (04030)
구입 문의 | 전화 (02)337-1737 팩스 (02)334-6624
내용 문의 | 전화 (02)337-1763 이메일 dymg98@naver.com

ISBN 979-11-7210-902-8 (03690)